SYLVANUS Mulowayi Wa Kayumba

LA CECITE (En 9 Langues)

SYLVANUS Mulowayi Wa Kayumba

LA CECITE (En 9 Langues)

Mal conduit/ Misbehaved/ Portado mal/ Mal comportado/ Si è comportato male/ Sich schlecht benommen/ ...

Éditions Croix du Salut

Imprint

Cover image: www.ingimage.com

Publisher:
Éditions Croix du Salut
is a trademark of
Dodo Books Indian Ocean Ltd., member of the OmniScriptum S.R.L Publishing group
str. A.Russo 15, of. 61, Chisinau-2068, Republic of Moldova Europe
Printed at: see last page
ISBN: 978-620-3-84271-5

La Cecite
Blindness
Ceguera
Cegueira
Cecità
Blindheit
失明
盲目
अंधापन

VERSION FRANCAISE

UN AVEUGLE CONDUIT PAR UN AUTRE AVEUGLE

Ce chien ne peut ramener cette dame qu'à la maison ou la conduire dans les lieux des habitudes familiales.

Ce chien ne pourra jamais guider cette dame dans un magasin et l'aider à faire des courses.

C'est l'analogie d'un aveugle qui conduit un autre aveugle.

« ***Laissez-les: ce sont des aveugles qui conduisent des aveugles; si un aveugle conduit un aveugle, ils tomberont tous deux dans une fosse.*** » Mathieu 15 :14

Beaucoup d'enfants de Dieu sont aveuglement conduits par des guides qui manquent d'attachement à la vision de Dieu. Ils mélangent la Parole de Dieu avec les us et coutumes des lieux d'origine ou de vie communautaire.

Les scribes, les pharisiens ainsi que les saducéens étaient aussi des aveugles conduisant d'autres aveugles. C'est pourquoi dans notre dispensation, dans la nouvelle alliance que nous aborderons plus loin, nous sommes conduits, non pas par les hommes, mais par le Saint-Esprit, qui est Dieu lui-même.

« ***Mais vous recevrez une puissance, le Saint Esprit survenant sur vous, et vous serez mes témoins à Jérusalem, dans toute la Judée, dans la Samarie, et jusqu'aux extrémités de la terre.*** » Actes 1 :8

Jésus ne voulut point que Pierre conduise les autres apôtres car nous connaissons en partie et nous prophétisons en partie. C'est pour cette noble raison que nous avons de réunir les cinq ministères pour l'édification des saints.

Aujourd'hui, ce sont les fondateurs ou les représentants légaux qui conduisent le peuple de Dieu, chacun de sa propre manière et de prétendant détenir toute la vérité.

Nous avons besoin du Saint-Esprit qui est Dieu lui-même afin respecter scrupuleusement les instructions relative à l'alliance avec Dieu.

Eve fut conduite par le serpent et tomba dans le piège du diable.

Adam se laissa conduire par la femme que Dieu lui avait donnée et ils se retrouvèrent tous deux hors du Jardin d'Eden.

Les hommes du temps de Noé se laissèrent conduire par leur incrédulité et furent tous engloutis dans les eaux de déluge.

Noé à son tour se laissa conduire par le vin et exposa ainsi sa nudité à son fils Cham et ramena ainsi la malédiction sur la terre.

A la Tour de Babel, les hommes se servirent de la brique au lieu de la pierre et refusèrent de remplir la terre en cherchant à monter vers Dieu au ciel. Ils furent confondus et dispersés sur toute la terre.

Abraham quitta tout, sauf qu'il resta attaché à son frère Lot et Dieu ne le bénit qu'après leur séparation.

Il suivit la voie de Sarah et alla vers Agar pour obtenir Ismaël.

Moïse se laissa conduire par sa colère et jeta la double table de la loi qui se brisa.

David suivit la beauté de la femme d'Urie et ramena la malédiction dans la maison royale.

Jésus est le Chemin, la Vérité et la Vie.

SOULUTION MEDICALE POUR LA CECITE

La médecine moderne a finalement trouvée une solution pour recouvrir la vue à l'aide des lunettes appropriées. Coup de chapeau aux scientifiques qui ont travaillé d'arrache-pied pour atteindre ce niveau.

Cependant, l'aveugle Barthimée n'avait pas besoin des lunettes pareilles pour recouvrir la vue.

La Parole de Dieu est plus puissante et plus active que la médecine moderne.

« ***Jésus leur répondit: Allez rapporter à Jean ce que vous entendez et ce que vous voyez:***

Les aveugles voient, les boiteux marchent, les lépreux sont purifiés, les sourds entendent, les morts ressuscitent, et la bonne nouvelle est annoncée aux pauvres.

Heureux celui pour qui je ne serai pas une occasion de chute! » Mathieu 11 :4-6

Voici les signes de la puissance de Dieu :

- Les aveugles voient,
- Les boiteux marchent,
- Les lépreux sont purifiés
- Les sourds entendent
- Les morts ressuscitent et
- La Bonne Nouvelle est annoncées aux pauvres.

Sans lunettes, les aveugles voient par la foi en Jésus. Les boiteux marchent sans béquilles. Les lépreux sont purifiés sans aucun traitement médical.

Les sourds entendent sans écouteurs et même les morts peuvent revenir à la vie comme Lazare.

Chaque peuple vient au Seigneur avec Sarah, Lot, Ismaël et Isaac. Abraham partit avec Sarah sa femme, mais fit aussi venir avec lui Lot son neveu contrairement à la volonté de Dieu.

Une fois de plus, nous devons bien écouter minutieusement les instructions de notre Dieu Conformément à sa Parole.

Ainsi pendant tout le temps qu'ils passèrent avec Lot, sa femme et ses serviteurs, Abraham n'avait pas encore rempli toutes les conditions requises pour être digne de recevoir les bénédictions liées à la promesse de Dieu.

A l'école d'Abraham, nous avons des bénédictions par la foi et à celle de Jésus, nous recevons le Saint-Esprit qui nous conduit dans toute la vérité.

« ***Maudit soit l'homme qui se confie dans l'homme, Qui prend la chair pour son appui, Et qui détourne son cœur de l'Eternel!***

Il est comme un misérable dans le désert, Et il ne voit point arriver le bonheur; Il habite les lieux brûlés du désert, Une terre salée et sans habitants. » Jérémie 17 :15-16

Que la Gloire soit à Dieu !

ENGLISH VERSION

A BLIND MAN DRIVEN BY ANOTHER BLIND

This dog can only bring this lady home or lead her to places of family habit.

This dog will never be able to guide this lady through a store and help her run errands.

It's the analogy of one blind leading another blind.

"***Leave them: the blind lead the blind; if a blind man leads a blind man, they will both fall into a pit.***" Matthew 15:14

Many of God's children are blindly led by guides who lack dedication to seeing God. They mix the Word of God with the habits and customs of places of origin or of community life.

The scribes, the Pharisees as well as the Sadducees were also blind leading other blind. This is why in our dispensation, in the new covenant that we will discuss later, we are led, not by men, but by the Holy Spirit, who is God himself.

"***But you will receive power when the Holy Spirit comes upon you, and you will be my witnesses in Jerusalem, and in all Judea and Samaria, and to the ends of the earth.***" Acts 1: 8

Jesus did not want Peter to lead the other apostles because we know in part and we prophesy in part.

It is for this noble reason that we have to bring together the five ministries for the edification of the saints.

Today it is founders or legal representatives who lead the people of God, each in their own way and claiming to have all the truth.

We need the Holy Spirit who is God Himself in order to scrupulously follow the instructions relating to the covenant with God.

Eve was led by the serpent and fell into the devil's trap.

Adam let himself be led by the woman God had given him and they both found themselves outside the Garden of Eden.

The men of Noah's day allowed themselves to be led by their unbelief and were all swallowed up in the waters of the flood.

Noah in his turn allowed himself to be led by the wine and thus exposed his nakedness to his son Ham and thus brought the curse back to the earth.

At the Tower of Babel, men used brick instead of stone and refused to fill the earth by seeking to ascend to God in heaven. They were confused and scattered throughout the earth.

Abraham left everything except that he remained attached to his brother Lot, and God did not bless him until after their separation.

He followed Sarah's path and went to Hagar to obtain Ishmael.

Moses allowed himself to be led by his anger and threw down the double table of the law which was broken.

David followed the beauty of the wife of Uriah and brought the curse back to the royal house.

Jesus is the Way, the Truth and the Life.

MEDICAL SOLUTION FOR BLINDNESS

Modern medicine has finally found a solution to cover the sight with the proper glasses. Hats off to the scientists who have worked so hard to reach this level.

However, blind Barthimeus did not need such glasses to cover his sight.

The Word of God is more powerful and more active than modern medicine.

"Jesus answered them, Go and tell John what you hear and what you see:

The blind can see, the lame can walk, the lepers are cleansed, the deaf can hear, the dead can raise, and the good news is preached to the poor.

Happy is the one for whom I will not be a stumbling block!" Matthew 11: 4-6

These are God's power signs:

- The blind can see,
- The lame can walk ;
- Lepers are cleansed;
- The deaf can hear;
- The dead can rise et
- Good News is announced to the poor.

Without glasses, the blind can see by faith in Jesus. The lame can walk without crutches. Lepers are purified without any medical treatment.

The deaf hear without headphones and even the dead can come to life like Lazarus.

Every people come to the Lord with Sarah, Lot, Ishmael and Isaac. Abraham left with his wife Sarah, but also brought his nephew Lot with him, contrary to God's will.

Once again, we must carefully listen to the instructions of our God according to His Word.

So during the time they spent with Lot, his wife, and his servants, Abraham had not yet fulfilled all the conditions required to be worthy to receive the blessings of God's promise.

In Abraham's school we have blessings by faith, and in Jesus' school we receive the Holy Spirit who leads us into all truth.

"***Cursed be the man who trusts in man, who takes flesh for his support, and who turns his heart away from the Lord!***

He is like a wretch in the wilderness, and he does not see happiness coming; He dwells in the burnt places of the desert, a salty land without inhabitants." Jeremiah 17: 15-16

Glory be to God!

VERSIÓN EN ESPAÑOL

UN CIEGO IMPULSADO POR OTRO CIEGO

Este perro solo puede traer a esta dama a casa o llevarla a lugares de hábito familiar.

Este perro nunca podrá guiar a esta señora a través de una tienda y ayudarla a hacer recados.

Es la analogía de un ciego guiando a otro ciego.

*"**Déjalos: los ciegos guían a los ciegos; si un ciego guía a otro ciego, ambos caerán en la fosa.**"* Mateo 15:14

Muchos de los hijos de Dios son guiados ciegamente por guías que carecen de dedicación para ver a Dios. Mezclan la Palabra de Dios con los hábitos y costumbres de los lugares de origen o de la vida comunitaria.

Los escribas, los fariseos y los saduceos también eran ciegos guiando a otros ciegos. Es por eso que en nuestra dispensación, en el nuevo pacto que discutiremos más adelante, somos guiados, no por hombres, sino por el Espíritu Santo, quien es Dios mismo.

*"**Pero recibirán poder cuando el Espíritu Santo venga sobre ustedes, y serán mis testigos en Jerusalén, y en toda Judea y Samaria, y hasta los confines de la tierra.**"* Hechos 1: 8

Jesús no quería que Pedro dirigiera a los otros apóstoles porque en parte sabemos y profetizamos en parte.

Es por esta noble razón que tenemos que unir los cinco ministerios para la edificación de los santos.

Hoy son los fundadores o representantes legales quienes lideran al pueblo de Dios, cada uno a su manera y pretendiendo tener toda la verdad.

Necesitamos al Espíritu Santo que es Dios mismo para seguir escrupulosamente las instrucciones relacionadas con el pacto con Dios.

Eva fue guiada por la serpiente y cayó en la trampa del diablo.

Adán se dejó llevar por la mujer que Dios le había dado y ambos se encontraron fuera del Jardín del Edén.

Los hombres de la época de Noé se dejaron llevar por su incredulidad y fueron todos tragados por las aguas del diluvio.

Noé, a su vez, se dejó llevar por el vino y así expuso su desnudez a su hijo Cam y así devolvió la maldición a la tierra.

En la Torre de Babel, los hombres usaron ladrillo en lugar de piedra y se negaron a llenar la tierra buscando ascender a Dios en el cielo. Estaban confundidos y esparcidos por toda la tierra.

Abraham dejó todo excepto que permaneció apegado a su hermano Lot, y Dios no lo bendijo hasta después de su separación.

Siguió el camino de Sara y fue a Agar a buscar a Ismael.

Moisés se dejó llevar por su ira y tiró la doble tabla de la ley que estaba quebrantada.

David siguió la belleza de la esposa de Urías y devolvió la maldición a la casa real.

Jesús es el Camino, la Verdad y la Vida.

ALIVIO MÉDICO PARA LA CEGUERA

La medicina moderna finalmente ha encontrado una solución para tapar la vista con los anteojos adecuados. Felicitaciones a los científicos que han trabajado tan duro para alcanzar este nivel.

Sin embargo, el ciego Barthimeus no necesitaba tales lentes para cubrir su vista.

La Palabra de Dios es más poderosa y activa que la medicina moderna.

"Jesús les respondió: Id y contad a Juan lo que oís y lo que ves:

Los ciegos ven, los cojos andan, los leprosos quedan limpios, los sordos oyen, los muertos resucitan y el evangelio se predica a los pobres.

¡Feliz aquel para quien no seré piedra de tropiezo! "Mateo 11: 4-6

Aquí están las señales del poder de Dios:

- Los ciegos ven,
- El caminar cojo;
- Los leprosos se limpian;
- Los sordos oyen;
- Los muertos se levantan y
- La Buena Nueva se anuncia a los pobres.

Sin lentes, los ciegos ven por la fe en Jesús. Los cojos andan sin muletas. Los leprosos se purifican sin ningún tratamiento médico.

Los sordos oyen sin auriculares e incluso los muertos pueden cobrar vida como Lázaro.

Todo pueblo viene al Señor con Sara, Lot, Ismael e Isaac. Abraham se fue con su esposa Sara, pero también trajo consigo a su sobrino Lot, en contra de la voluntad de Dios.

Una vez más, debemos escuchar atentamente las instrucciones de nuestro Dios según Su Palabra.

Entonces, durante el tiempo que pasaron con Lot, su esposa y sus siervos, Abraham aún no había cumplido todas las condiciones requeridas para ser digno de recibir las bendiciones de la promesa de Dios.

En la escuela de Abraham tenemos bendiciones por la fe, y en la escuela de Jesús recibimos el Espíritu Santo que nos guía a toda la verdad.

« ***¡Maldito el hombre que confía en el hombre, que se hace carne para sustentar y aparta su corazón del Señor!***

Es como un miserable en el desierto, y no ve venir la felicidad; Habita en los lugares quemados del desierto, tierra salada sin habitantes. »Jeremías 17: 15-16

Gloria a Dios!

VERSÃO EM PORTUGUÊS

UM HOMEM CEGO CONDUZIDO POR OUTRO CEGO

Este cão só pode trazer esta senhora para casa ou conduzi-la a locais de hábito familiar.

Este cão nunca será capaz de guiar esta senhora através de uma loja e ajudá-la a fazer recados.

É a analogia de um cego guiando outro cego.

"***Deixe-os: os cegos conduzem os cegos; se um cego guiar outro cego, os dois cairão na cova.***" Mateus 15:14

Muitos dos filhos de Deus são cegamente guiados por guias que não têm dedicação para ver Deus. Eles misturam a Palavra de Deus com os hábitos e costumes dos lugares de origem ou da vida comunitária.

Os escribas, fariseus e saduceus também eram cegos guiando outros cegos. É por isso que em nossa dispensação, na nova aliança que discutiremos mais tarde, somos guiados, não por homens, mas pelo Espírito Santo, que é o próprio Deus.

"***Mas recebereis poder quando o Espírito Santo desceu sobre vós e sereis minhas testemunhas em Jerusalém, e em toda a Judéia e Samaria, e até os confins da terra.***" Atos 1: 8

Jesus não queria que Pedro liderasse os outros apóstolos porque sabemos em parte e profetizamos em parte.

É por esta nobre razão que devemos reunir os cinco ministérios para a edificação dos santos.

Hoje são os fundadores ou representantes legais que lideram o povo de Deus, cada um à sua maneira e afirmando ter toda a verdade.

Precisamos do Espírito Santo que é o próprio Deus para seguir escrupulosamente as instruções relativas à aliança com Deus.

Eva foi guiada pela serpente e caiu na armadilha do diabo.

Adão se deixou levar pela mulher que Deus lhe dera e os dois se encontraram fora do Jardim do Éden.

Os homens dos dias de Noé se deixaram levar por sua incredulidade e foram todos engolidos pelas águas do dilúvio.

Noé, por sua vez, se deixou levar pelo vinho e, assim, expôs sua nudez a seu filho Cão, trazendo a maldição de volta à terra.

Na Torre de Babel, os homens usaram tijolos em vez de pedra e se recusaram a encher a terra buscando ascender a Deus no céu. Eles estavam confusos e espalhados por toda a terra.

Abraão deixou tudo, exceto que permaneceu apegado a seu irmão Ló, e Deus não o abençoou até depois de sua separação.

Ele seguiu o caminho de Sara e foi até Agar para buscar Ismael.

Moisés se deixou levar pela sua ira e jogou fora a mesa dupla da lei que estava quebrada.

Davi seguiu a beleza da esposa de Urias e trouxe a maldição de volta para a casa real.

Jesus é o caminho, a verdade e a vida.

ALÍVIO MÉDICO PARA CEGUEIRA

A medicina moderna finalmente encontrou uma solução para cobrir a visão com os óculos adequados. Tiremos o chapéu para os cientistas que trabalharam tanto para atingir este nível.

No entanto, o cego Barthimeus não precisava desses óculos para cobrir sua visão.

A Palavra de Deus é mais poderosa e mais ativa do que a medicina moderna.

"Jesus respondeu-lhes: Ide dizer a João o que ouves e o que vês:

Os cegos vêem, os coxos andam, os leprosos são purificados, os surdos ouvem, os mortos ressuscitam e as boas novas são pregadas aos pobres.

Feliz aquele para quem não serei pedra de tropeço!" Mateus 11: 4-6

Aqui estão os sinais do poder de Deus:

- Os cegos veem,
- O andar coxo ;
- Leprosos são limpos;
- Os surdos ouvem;
- Os mortos ressuscitam e
- As Boas Novas são anunciadas aos pobres.

Sem óculos, os cegos vêem pela fé em Jesus. O coxo anda sem muletas. Leprosos são purificados sem qualquer tratamento médico.

Os surdos ouvem sem fones de ouvido e até os mortos podem ganhar vida como Lázaro.

Cada povo vem ao Senhor com Sara, Ló, Ismael e Isaque. Abraão saiu com sua esposa Sara, mas também trouxe consigo seu sobrinho Ló, contrariando a vontade de Deus.

Mais uma vez, devemos ouvir atentamente as instruções de nosso Deus de acordo com Sua Palavra.

Portanto, durante o tempo que passaram com Ló, sua esposa e seus servos, Abraão ainda não havia cumprido todas as condições exigidas para ser digno de receber as bênçãos da promessa de Deus.

Na escola de Abraão temos bênçãos pela fé, e na escola de Jesus recebemos o Espírito Santo que nos conduz a toda a verdade.

"***Maldito o homem que confia no homem, que assume a carne para o sustentar e desvia o seu coração do Senhor!***

Ele é como um desgraçado no deserto, E não vê a felicidade chegando; Ele mora nos lugares queimados do deserto, Uma terra salgada sem habitantes. »Jeremias 17: 15-16

Glória a Deus!

VERSIONE ITALIANA

UN CIECO GUIDATO DA UN ALTRO CIECO

Questo cane può solo portare a casa questa signora o condurla in luoghi di abitudine familiare.

Questo cane non sarà mai in grado di guidare questa signora attraverso un negozio e aiutarla a fare commissioni.

È l'analogia di un cieco che guida un altro cieco.

"***Lasciali: i ciechi guidano i ciechi; se un cieco guida un cieco, cadranno entrambi in una fossa.***" Matteo 15:14

Molti dei figli di Dio sono guidati ciecamente da guide prive di dedizione a vedere Dio. Mescolano la Parola di Dio con gli usi ei costumi dei luoghi di origine o della vita comunitaria.

Anche gli scribi, i farisei e i sadducei erano ciechi e conducevano altri ciechi. Ecco perché nella nostra dispensazione, nella nuova alleanza di cui parleremo più avanti, siamo guidati non dagli uomini, ma dallo Spirito Santo, che è Dio stesso.

"***Ma riceverete forza quando lo Spirito Santo scenderà su di voi, e mi sarete testimoni in Gerusalemme, e in tutta la Giudea e Samaria, e fino ai confini della terra.***" Atti 1: 8

Gesù non voleva che Pietro guidasse gli altri apostoli perché in parte sappiamo e in parte profetizziamo. È per questo nobile motivo che dobbiamo riunire i cinque ministeri per l'edificazione dei santi.

Oggi sono i fondatori o rappresentanti legali che guidano il popolo di Dio, ognuno a modo suo e pretendendo di avere tutta la verità.

Abbiamo bisogno dello Spirito Santo che è Dio stesso per seguire scrupolosamente le istruzioni relative all'alleanza con Dio.

Eva fu condotta dal serpente e cadde nella trappola del diavolo.

Adamo si lasciò condurre dalla donna che Dio gli aveva dato ed entrambi si trovarono fuori dal Giardino dell'Eden.

Gli uomini dei giorni di Noè si lasciarono condurre dalla loro incredulità e furono tutti inghiottiti dalle acque del diluvio.

Noè a sua volta si lasciò condurre dal vino e così espose la sua nudità a suo figlio Cam e così riportò la maledizione sulla terra.

Alla Torre di Babele, gli uomini usarono il mattone invece della pietra e si rifiutarono di riempire la terra cercando di ascendere a Dio in cielo. Erano confusi e dispersi per la terra.

Abramo lasciò tutto tranne che rimase attaccato a suo fratello Lot, e Dio non lo benedisse fino a dopo la loro separazione.

Seguì il percorso di Sarah e andò ad Agar per prendere Ismaele.

Mosè si lasciò condurre dalla sua ira e gettò giù la doppia mensa della legge che era stata infranta.

Davide seguì la bellezza della moglie di Uria e riportò la maledizione alla casa reale.

Gesù è la Via, la Verità e la Vita.

SOLLIEVO MEDICO PER LA CECITÀ

La medicina moderna ha finalmente trovato una soluzione per coprire la vista con gli occhiali adatti. Tanto di cappello agli scienziati che hanno lavorato così duramente per raggiungere questo livello.

Tuttavia, il cieco Barthimeus non aveva bisogno di tali occhiali per coprirsi la vista.

La Parola di Dio è più potente e più attiva della medicina moderna.

"***Gesù rispose loro: Andate e riferite a Giovanni ciò che udite e ciò che vedete:***

I ciechi vedono, gli zoppi camminano, i lebbrosi sono mondati, i sordi odono, i morti risuscitano e la buona novella è predicata ai poveri.

Felice è colui per il quale non sarò un ostacolo!" Matteo 11: 4-6

Ecco i segni della potenza di Dio:

- I ciechi vedono,
- Gli zoppi stanno camminando;
- I lebbrosi sono purificati;
- I sordi sentono;
- I morti risorgono e
- La Buona Novella è annunciata ai poveri.

Senza occhiali, i ciechi vedono per fede in Gesù. Gli zoppi camminano senza stampelle. I lebbrosi vengono purificati senza alcun trattamento medico.

I sordi sentono senza cuffie e anche i morti possono prendere vita come Lazzaro.

Ogni popolo viene al Signore con Sara, Lot, Ismaele e Isacco. Abramo partì con sua moglie Sara, ma portò con sé anche suo nipote Lot, contrariamente alla volontà di Dio.

Ancora una volta, dobbiamo ascoltare attentamente le istruzioni del nostro Dio secondo la Sua Parola.

Quindi durante il tempo che trascorsero con Lot, sua moglie e i suoi servi, Abramo non aveva ancora soddisfatto tutte le condizioni richieste per essere degno di ricevere le benedizioni della promessa di Dio.

Alla scuola di Abramo abbiamo le benedizioni per fede, e alla scuola di Gesù riceviamo lo Spirito Santo che ci conduce a tutta la verità.

« ***Maledetto l'uomo che confida nell'uomo, che prende la carne per il suo sostegno e allontana il suo cuore dal Signore!***

È come un miserabile nel deserto, e non vede arrivare la felicità; egli abita nei luoghi bruciati del deserto, terra salata senza abitanti. » Geremia 17:15-16

Que la Gloire soit à Dieu !

DEUTSCHE VERSION

EIN BLINDER MANN, DER VON EINEM ANDEREN BLINDEN MANN GETRIEBEN WIRD

Dieser Hund kann diese Dame nur nach Hause bringen oder an Orte der Familiengewohnheit führen.

Dieser Hund wird diese Dame niemals in einem Geschäft führen und ihr bei Besorgungen helfen können.

Es ist die Analogie, dass ein Blinder einen anderen Blinden führt.

„Lass sie: die Blinden führen die Blinden; Wenn ein Blinder einen Blinden führt, werden beide in eine Grube fallen. „Matthäus 15:14

Viele von Gottes Kindern werden blind von Führern geführt, denen es an Hingabe mangelt, Gott zu sehen. Sie vermischen das Wort Gottes mit den Sitten und Gebräuchen der Herkunftsorte oder des Gemeinschaftslebens.

Auch die Schriftgelehrten, die Pharisäer sowie die Sadduzäer waren blind und führten andere blind. Aus diesem Grund werden wir in unserer Evangeliumszeit, im neuen Bund, über den wir später sprechen werden, nicht von Menschen geführt, sondern vom Heiligen Geist, der Gott selbst ist.

"Aber ihr werdet Kraft empfangen, wenn der Heilige Geist auf euch kommt, und ihr werdet meine Zeugen sein in Jerusalem und in ganz Judäa und Samaria und bis an die Enden der Erde." Handlungen 1: 8

Jesus wollte nicht, dass Petrus die anderen Apostel führt, weil wir zum Teil wissen und zum Teil prophezeien. Aus diesem edlen Grund müssen wir die fünf Dienste zur Erbauung der Heiligen zusammenbringen.

Heute sind es die Gründer oder gesetzlichen Vertreter, die das Volk Gottes führen, jeder auf seine Weise und mit dem Anspruch, die ganze Wahrheit zu haben.

Wir brauchen den Heiligen Geist, der Gott selbst ist, um die Anweisungen bezüglich des Bundes mit Gott gewissenhaft zu befolgen.

Eva wurde von der Schlange geführt und tappte in die Falle des Teufels.

Adam ließ sich von der Frau führen, die Gott ihm gegeben hatte, und beide fanden sich außerhalb des Gartens Eden wieder.

Die Männer der Zeit Noahs ließen sich von ihrem Unglauben leiten und wurden alle von den Fluten verschlungen.

Noah wiederum ließ sich vom Wein führen und entblößte so seine Blöße seinem Sohn Ham und brachte so den Fluch zurück auf die Erde.

Beim Turmbau zu Babel verwendeten die Menschen Ziegel statt Stein und weigerten sich, die Erde zu füllen, indem sie versuchten, zu Gott in den Himmel aufzusteigen. Sie waren verwirrt und über die ganze Erde zerstreut.

Abraham verließ alles, außer dass er seinem Bruder Lot treu blieb, und Gott segnete ihn erst nach ihrer Trennung.

Er folgte Sarahs Weg und ging zu Hagar, um Ismael zu holen.

Moses ließ sich von seinem Zorn leiten und warf die Doppeltafel des gebrochenen Gesetzes nieder.

David folgte der Schönheit der Frau von Uria und brachte den Fluch zurück ins Königshaus.

Jesus ist der Weg, die Wahrheit und das Leben.

MEDIZINISCHE HILFE BEI BLINDHEIT

Die moderne Medizin hat endlich eine Lösung gefunden, um das Sehvermögen mit der richtigen Brille zu verdecken. Hut ab vor den Wissenschaftlern, die so hart gearbeitet haben, um dieses Niveau zu erreichen.

Der blinde Barthimeus brauchte jedoch keine solche Brille, um seine Sicht zu verdecken.

Das Wort Gottes ist mächtiger und aktiver als die moderne Medizin.

"Jesus antwortete ihnen: Geh und erzähle Johannes, was du hörst und siehst:

Die Blinden sehen, die Lahmen gehen, die Aussätzigen werden gereinigt, die Tauben hören, die Toten werden auferweckt und den Armen wird die gute Botschaft gepredigt.

Glücklich ist derjenige, für den ich kein Stolperstein sein werde!" Matthäus 11 :4-6

Hier sind die Zeichen der Macht Gottes:

- Die Blinden sehen,
- Der lahme Gang;
- Aussätzige werden gereinigt;
- Die Gehörlosen hören;
- Die Toten erheben sich und
- Den Armen wird die gute Nachricht verkündet.

Ohne Brille sehen Blinde im Glauben an Jesus. Der lahme Gang ohne Krücken. Aussätzige werden ohne medizinische Behandlung gereinigt.

Gehörlose hören ohne Kopfhörer und selbst Tote können wie Lazarus lebendig werden.

Jedes Volk kommt zum Herrn mit Sarah, Lot, Ismael und Isaak. Abraham ging mit seiner Frau Sarah weg, brachte aber entgegen Gottes Willen auch seinen Neffen Lot mit.

Noch einmal müssen wir aufmerksam auf die Anweisungen unseres Gottes gemäß Seinem Wort hören.

Während der Zeit, die sie mit Lot, seiner Frau und seinen Dienern verbrachten, hatte Abraham also noch nicht alle Bedingungen erfüllt, die erforderlich waren, um würdig zu sein, die Segnungen der Verheißung Gottes zu empfangen.

In der Schule Abrahams werden wir durch den Glauben gesegnet, und in der Schule Jesu empfangen wir den Heiligen Geist, der uns in alle Wahrheit führt.

« ***Verflucht sei der Mensch, der auf den Menschen vertraut, der Fleisch zu seiner Stütze annimmt und sein Herz vom Herrn abwendet!***

Er ist wie ein Elend in der Wüste, Und er sieht kein Glück kommen; Er wohnt in den verbrannten Orten der Wüste, Ein salziges Land ohne Einwohner. » Jeremia 17:15-16

Ehre sei Gott!

中文版

一个盲人被另一个盲人驾驶

这只狗只能把这位女士带回家或带她去有家庭习惯的地方。

这只狗永远无法引导这位女士穿过商店并帮助她跑腿。

这是一个盲人带领另一个盲人的类比。

« 离开他们：瞎子领瞎子；
瞎子领瞎子，两个人都会掉进坑里。»
马修15 :14

许多上帝的孩子都被缺乏献身于见上帝的指导者盲目带领。
他们将上帝的话语与原籍地或社区生活的习惯和习俗混合在一起。

文士、法利赛人和撒都该人也是瞎子领着其他瞎子。
这就是为什么在我们的时代，在我们稍后讨论的新约中，我们不是被人引导，而是被圣灵引导，圣灵就是神自己。

« 但是，当圣灵降临在你们身上时，你们会得到能力，你们将在耶路撒冷、犹太全地和撒玛利亚，直到地极，作我的见证。» 行为1 :8

耶稣不希望彼得带领其他使徒，因为我们部分知道，我们部分说预言。
正是出于这个崇高的原因，我们必须将五个事工聚集在一起，以造就圣徒。

今天是创始人或法定代表人领导上帝的子民，每个人都以自己的方式并声称拥有所有的真理。

我们需要圣灵就是神自己，以便一丝不苟地遵循与神立约有关的指示。

夏娃被蛇牵引，落入魔鬼的圈套。

亚当让自己被上帝赐给他的女人带领，他们俩都发现自己身处伊甸园之外。

挪亚时代的人任凭自己的不信，都被洪水吞没了。

诺亚轮到他让自己被酒引导，从而将自己的赤身暴露给他的儿子含，从而将诅咒带回了地球。

在巴别塔，人们用砖代替石头，并拒绝通过寻求升入天堂的上帝来填满地球。
他们很困惑，分散在整个地球上。

亚伯拉罕留下了一切，只留下他的兄弟罗得依恋，直到他们分开后，上帝才祝福他。

他跟随撒拉的路，去夏甲找以实玛利。

摩西任由他的怒火引诱自己，把那被打破的律法双桌摔倒了。

大卫追随乌利亚之妻的美貌，将诅咒带回了王室。

耶稣是道路、真理和生命。

失明的医疗救助

现代医学终于找到了用合适的眼镜遮住视线的解决方案。
向为达到这一水平而努力工作的科学家们致敬。

然而，失明的巴蒂默斯并不需要这样的眼镜来遮住他的视线。

神的话语比现代医学更强大、更活跃。

« 耶稣回答他们说：去告诉约翰你所听到和看到的：

瞎子看见，瘸子走路，麻风病人得洁净，聋子听见，死人复活，好消息传给穷人。

快乐是我不会成为绊脚石的人！» 马修 11 :4-6

这是上帝大能的迹象:

- 瞎子看见,
- 跛脚走路;
- 麻风病人被净化;
- 聋子听到;
- 死者崛起和
- 向穷人宣布好消息.

没有眼镜，盲人凭着对耶稣的信心就能看见。
没有拐杖的跛脚走路。
麻风病人无需任何医疗就可得到净化。

聋子不用耳机就能听见，甚至死人也能像拉撒路一样复活。

每个人都带着撒拉、罗得、以实玛利和以撒来到主面前。
亚伯拉罕带着他的妻子撒拉离开，但也违背了上帝的旨意，带着他的侄子罗得。

再一次，我们必须按照神的话仔细聆听我们神的指示。

因此，在他们与罗得、他的妻子和他的仆人在一起的那段时间里，亚伯拉罕还没有满足配称接受上帝应许祝福的所有条件。

在亚伯拉罕的学校里，我们因信得福，而在耶稣的学校里，我们领受了带领我们进入一切真理的圣灵。

« 倚靠人、以肉体为养、心转离主的人该受咒诅！

他像荒野中的一个可怜人，他看不到幸福的来临；
他住在旷野烧过的地方，咸水之地，无人居住。» 耶利米17 :15-16

荣耀归于上帝!

日本語版

別の盲人によって運転される盲人

この犬は、こ
の女性を家に連れて帰るか、家族の習慣の場所に連れて行くことしかできません。

この犬は、こ
の女性を店に案内したり、用事を済ませたりすることはできません。

これは、ある盲人が別の盲人を導くというアナロジーです。

« それらを残してください：盲人が盲人を導きます。
盲人が盲人を導く場合、彼らは両方とも穴に落ちます。» マシュー15 :14

神の子供たちの多くは、神を見ることへの献身を欠いているガイドによって盲目的に導かれています。
彼らは神の言葉を出身地や地域社会の生活の習慣や習慣と混ぜ合わせています。

筆記者、パリサイ人、そしてサドカイ人も盲人であり、他の盲人をリードしていました。
ですから、私たちの神権時代、後で議論する新しい契約において、私たちは人によってではなく、神ご自身である聖霊によって導かれます。

« しかし、聖霊があなたに臨むとき、あなたは力を受け取り、あなたはエルサレム、すべてのユダヤとサマリア、そして地球の果てで私の証人となるでしょう。» 使徒言行録1 :8

イエスは、私たちが部分的に知っていて、部分的に預言しているので、ペテロが他の使徒たちを導くことを望まれませんでした。
聖徒の啓蒙のために私たちが5つの省を結集しなければばならないのはこの崇高な理由のためです。

今日、神の民をそれぞれ独自の方法で導き、すべての真実を持っていると主張するのは、創設者または法定代理人です。

神との契約に関する指示に注意深く従うためには、神ご自身である聖霊が必要です。

イブは蛇に導かれ、悪魔の罠に陥りました。

アダムは、神が彼に与えられた女性に導かれ、彼らは両方ともエデンの園の外にいることに気づきました。

ノアの時代の人々は、彼らの不信仰に導かれることを許し、洪水の水に飲み込まれました。

ノアは今度は自分自身をワインに導かれることを許し、それによって彼の裸を息子のハムにさらし、それによって呪いを地球に戻しました。

バベルの塔では、男性は石の代わりにレンガを使用し、天国で神に上ることを求めて地球を満たすことを拒否しました。
彼らは混乱し、地球中に散らばっていました。

アブラハムは彼が彼の兄弟ロットに執着したままであったことを除いてすべてを残しました、そして神は彼らの分離の後まで彼を祝福しませんでした。

彼はサラの道をたどり、イシュマエルを手に入れるためにハガルに行きました。

モーセは自分自身が彼の怒りに導かれることを許し、破られた法の二重の表を投げ捨てました。

ダビデはウリアの妻の美しさに従い、呪いを王家に戻しました。

イエスは道であり、真理であり、命です。

視覚障害の医学的救済

現代医学はついに適切な眼鏡で視力を覆う解決策を見つけました。
このレベルに到達するために一生懸命働いてきた科学者たちに敬意を表します。

しかし、目の不自由なバルティメウスは視力をカバーするためにそのような眼鏡を必要としませんでした。

神の言葉は現代医学よりも強力で活発です。

« イエスは彼らに答えられました：行って、あなたが聞いていることとあなたが見ていることをヨハネに伝えてください。

目の不自由な人、足の不自由な人の散歩、らい病者の浄化、聴覚障害者の耳、死者の復活、そして貧しい人々に良いたよりが宣べ伝えられます。

幸せは私がつまずきにならない人です！» マシュー11 :4-6

ここに神の力のしるしがあります:

- 視覚障害者は見る,
- ラメウォーク;
- ハンセン病患者は浄化されます;
- 聴覚障害者は聞く;
- デッドライズと
- 良いたよりは貧しい人々に告げられます。

眼鏡がなければ、視覚障害者はイエスへの信仰によって見ることができます。
松葉杖なしの足の不自由な散歩。
ハンセン病は治療なしで浄化されます。

聴覚障害者はヘッドホンなしで聞こえ、死者でさえラザロのように生き返ることができます。

すべての人はサラ、ロット、イシュマエル、イサクと共に主に来ます。
アブラハムは妻のサラと一緒に去りましたが、神の意志に反して、甥のロットも連れてきました。

もう一度、私たちは神の言葉に従って私たちの神の指示に注意深く耳を傾けなければなりません。

ですから、彼らがロット、彼の妻、そして彼の僕たちと過ごした間、アブラハムは神の約束の祝福を受けるにふさわしいものとなるために必要なすべての条件をまだ満たしていませんでした。

アブラハムの学校では信仰による祝福があり、イエスの学校では私たちをすべての真理に導く聖霊を受けます。

« 人を信頼し、肉体を支え、心を主から遠ざける人に呪われた！

彼は荒野の惨劇のようであり、幸福が来るのを見ていません。
彼は砂漠の焼けた場所、住民のいない塩辛い土地に住んでいます。» エレミヤ17 :15-16

神に栄光を!

हिंदी संस्करण

एक अंधा आदमी दूसरे अंधे आदमी द्वारा संचालित

यह कुत्ता केवल इस महिला को घर ला सकता है या उसे पारिवारिक आदत वाले स्थानों पर ले जा सकता है।

यह कुत्ता कभी भी इस महिला को एक दुकान के माध्यम से मार्गदर्शन नहीं कर पाएगा और उसके कामों में मदद नहीं कर पाएगा।

यह एक अंधे की दूसरे अंधे की अगुवाई करने की सादृश्यता है।

« उन्हें छोड़ दो: अंधे अंधे का नेतृत्व करते हैं; यदि कोई अन्धा किसी अन्धे की अगुवाई करे, तो वे दोनों गड़हे में गिर पड़ेंगे।» मैथ्यु 15 :14

परमेश्वर के कई बच्चे आँख बंद करके ऐसे मार्गदर्शकों के नेतृत्व में हैं जिनके पास परमेश्वर को देखने के लिए समर्पण की कमी है। वे मूल स्थानों या सामुदायिक जीवन की आदतों और रीति-रिवाजों के साथ परमेश्वर के वचन को मिलाते हैं।

शास्त्री, फरीसी और सदूकी भी अन्धे थे जो अन्य अंधों का नेतृत्व कर रहे थे। यही कारण है कि हमारे युग में, नई वाचा में जिसकी चर्चा हम बाद में करेंगे, हमारी अगुवाई मनुष्यों द्वारा नहीं, बल्कि पवित्र आत्मा द्वारा की जाती है, जो स्वयं परमेश्वर है।

« परन्तु जब पवित्र आत्मा तुम पर आएगा तब तुम सामर्थ पाओगे, और यरूशलेम और सारे यहूदिया और सामरिया में और पृथ्वी की छोर तक मेरे गवाह होगे।» अधिनियमों 1 :8

यीशु नहीं चाहता था कि पतरस दूसरे प्रेरितों की अगुवाई करे क्योंकि हम आंशिक रूप से जानते हैं और हम आंशिक रूप से भविष्यवाणी करते हैं। इस नेक कारण के लिए हमें संतों के उत्थान के लिए पांच मंत्रालयों को एक साथ लाना है।

आज यह संस्थापक या कानूनी प्रतिनिधि हैं जो परमेश्वर के लोगों का नेतृत्व करते हैं, प्रत्येक अपने तरीके से और सभी सत्य होने का दावा करते हैं।

हमें पवित्र आत्मा की आवश्यकता है जो परमेश्वर के साथ वाचा से संबंधित निर्देशों का ईमानदारी से पालन करने के लिए स्वयं परमेश्वर है।

हव्वा सर्प के नेतृत्व में थी और शैतान के जाल में गिर गई।

आदम ने स्वयं को उस स्त्री के नेतृत्व में चलने दिया जिसे परमेश्वर ने उसे दिया था और वे दोनों स्वयं को अदन की वाटिका के बाहर पाते हैं।

नूह के दिनों के पुरुषों ने अपने आप को अपने अविश्वास के नेतृत्व में चलने दिया और सभी जलप्रलय के जल में डूब गए।

नूह ने अपनी बारी में खुद को शराब के नेतृत्व में होने दिया और इस तरह अपने बेटे हाम के सामने अपनी नग्नता को उजागर किया और इस तरह शाप को वापस पृथ्वी पर लाया।

बाबेल की मीनार पर, लोगों ने पत्थर के बजाय ईंट का इस्तेमाल किया और स्वर्ग में परमेश्वर के पास चढ़ने की

कोशिश करके पृथ्वी को भरने से इनकार कर दिया। वे भ्रमित थे और पूरी पृथ्वी पर बिखरे हुए थे।

इब्राहीम ने सब कुछ छोड़ दिया सिवाय इसके कि वह अपने भाई लूत से जुड़ा रहा, और परमेश्वर ने उनके अलग होने के बाद तक उसे आशीर्वाद नहीं दिया।

वह सारा के मार्ग पर चल पड़ा और इश्माएल को लेने हाजिरा गया।

मूसा ने अपने आप को अपने क्रोध के नेतृत्व में चलने दिया और व्यवस्था की दोहरी तालिका को गिरा दिया जो टूट गई थी।

दाऊद ने ऊरिय्याह की पत्नी की सुंदरता का अनुसरण किया और शाप को वापस शाही घर ले आया।

ईसा मसीह, सच्चाई और जीवन के मार्ग है।

अंधेपन के लिए चिकित्सा राहत

आधुनिक चिकित्सा ने आखिरकार उचित चश्मे से दृष्टि को ढंकने का एक समाधान ढूंढ लिया है। उन वैज्ञानिकों को सलाम जिन्होंने इस स्तर तक पहुंचने के लिए इतनी मेहनत की है।

हालाँकि, नेत्रहीन बार्थिमियस को अपनी दृष्टि को ढकने के लिए ऐसे चश्मे की आवश्यकता नहीं थी।

परमेश्वर का वचन आधुनिक चिकित्सा से अधिक शक्तिशाली और अधिक सक्रिय है।

« यीशु ने उन्हें उत्तर दिया: जाओ और यूहन्ना को बताओ कि तुम क्या सुनते हो और क्या देखते हो:

अंधे देखते हैं, लंगड़े चलते हैं, कोढ़ी शुद्ध होते हैं, बहरे सुनते हैं, मुर्दे जी उठते हैं, और गरीबों को खुशखबरी सुनायी जाती है।

धन्य है वह जिसके लिए मैं ठोकर नहीं बनूंगा! » मैथ्यु 11 :4-6

यहाँ भगवान की शक्ति के संकेत हैं:

- अंधा देखता है,
- लंगड़ा चलना;
- कुष्ठ रोग दूर होते हैं;
- बहरे सुनते हैं;
- मृत वृद्धि और

• गरीबों के लिए खुशखबरी की घोषणा की गई है।

बिना चश्मे के अंधे यीशु पर विश्वास करके देखते हैं। लंगड़ा बिना बैसाखी के चलता है। कुष्ठ रोगियों को बिना किसी चिकित्सकीय उपचार के शुद्ध किया जाता है।

बधिर बिना हेडफोन के सुनते हैं और यहां तक कि मृत भी लाजर की तरह जीवित हो सकते हैं।

सारा, लूत, इश्माएल और इसहाक के साथ सब लोग यहोवा के पास आते हैं। इब्राहीम अपनी पत्नी सारा के साथ चला गया, परन्तु परमेश्वर की इच्छा के विपरीत, अपने भतीजे लूत को भी अपने साथ ले आया।

एक बार फिर, हमें अपने परमेश्वर के वचन के अनुसार उसके निर्देशों को ध्यान से सुनना चाहिए।

इसलिए जब तक उन्होंने लूत, उसकी पत्नी और उसके सेवकों के साथ बिताया, इब्राहीम ने अभी तक परमेश्वर की प्रतिज्ञा की आशीषों को प्राप्त करने के योग्य होने के लिए आवश्यक सभी शर्तों को पूरा नहीं किया था।

इब्राहीम के स्कूल में हमें विश्वास से आशीर्वाद मिलता है, और यीशु के स्कूल में हम पवित्र आत्मा को प्राप्त करते हैं जो हमें सभी सत्य में ले जाता है।

« शापित हो वह मनुष्य, जो मनुष्य पर भरोसा रखता है, जो अपने सहारे के लिथे मांस ग्रहण करता है, और अपना मन यहोवा से फेर लेता है!

वह जंगल में एक मनहूस के समान है, और वह सुख को आते नहीं देखता; वह रेगिस्तान के जले हुए स्थानों में रहता है, बिना निवासियों के नमकीन भूमि।» यिर्मयाह 17 :15-16

भगवान की जय हो!

Viens au Seigneur Jésus, confie-toi à lui et tu auras la vie éternelle. Arrête de compter sur les hommes. Chacun de nus a ses propres roblèmes. Tout homme est limité.

Come to the Lord Jesus, trust in him and you will have eternal life. Stop relying on men. Each of the nudes has their own problems. Every man is limited.

Ven al Señor Jesús, confía en él y tendrás vida eterna. Deja de depender de los hombres. Cada uno de los desnudos tiene sus propios problemas. Todo hombre es limitado.

Venha para o Senhor Jesus, confie nele e você terá a vida eterna. Pare de confiar nos homens. Cada um dos nus tem seus próprios problemas. Todo homem é limitado.

Vieni al Signore Gesù, confida in lui e avrai la vita eterna. Smettila di fare affidamento sugli uomini. Ognuno dei nudi ha i suoi problemi. Ogni uomo è limitato.

Komm zum Herrn Jesus, vertraue ihm und du wirst ewiges Leben haben. Hör auf, dich auf Männer zu verlassen. Jeder der Akte hat seine eigenen Probleme. Jeder Mann ist begrenzt.

来到主耶稣面前，信靠他，你就会有永生。
不要再依赖男人了。
每个裸体都有自己的问题。
每个人都是有限的。

主イエスに来て、彼を信頼してください。そうすれば、あなたは永遠の命を得るでしょう。　　　　　　男性に頼るのはやめなさい。それぞれのヌードには独自の問題があります。すべての人は限られています。

प्रभु यीशु के पास आओ, उस पर भरोसा रखो और तुमको अनन्त जीवन मिलेगा। पुरुषों पर निर्भर रहना बंद करो। प्रत्येक नग्न अवस्था की अपनी समस्याएँ होती हैं। हर आदमी सीमित है।

Sylvanus Mulowayi Wa Kayumba
Email : dasyvahmolvak@gmail.com
You Tube: Dasylvah Only Jesus

12/2021

Printed by Books on Demand GmbH, Norderstedt / Germany